L'HÉRÉDITÉ IMPÉRIALE

DISCOURS

PRONONCÉ

LE 15 AOUT 1882

A LA

Réunion de la Salle Wagram, à Paris

PAR

M. JULES AMIGUES

ANCIEN DÉPUTÉ DU NORD

PARIS

GRANDE IMPRIMERIE, J. CUSSET, IMP.

123, Rue Montmartre

1882

L'HÉRÉDITÉ IMPÉRIALE

DISCOURS

PRONONCÉ

LE 15 AOUT 1882

A LA

Réunion de la Salle Wagram, à Paris

PAR

M. JULES AMIGUES

ANCIEN DÉPUTÉ DU NORD

PARIS

GRANDE IMPRIMERIE, J. CUSSET, IMP.

173, Rue Montmartre

1882

DISCOURS

PRONONCÉ PAR

M. JULES AMIGUES

Le 15 Août 1882

A LA GRANDE RÉUNION DE LA SALLE WAGRAM

Président : M. E. BRUNOX

Messieurs,

Lorsque, il y a trois ans passés, fondit sur le monde et sur nous la sinistre nouvelle que le Prince Impérial venait de tomber, à trois mille lieues de la patrie, sous les coups de sauvages noirs qui l'avaient frappé sans même savoir son nom, ce fut pour tous les gens de cœur une stupeur profonde, ce fut pour nous tous une douleur immense et qui n'est point encore apaisée. (Sensation.)

Et cependant nul de nous — j'ose le dire ici et je rends ainsi honneur à cette noble mémoire — nul de nous, même en ce cruel instant, ne douta de l'avenir de la cause qui reposait sur ce front sacré. Chacun comprit, au contraire, que ce sang jeune et pur, sang d'agneau pascal, sang de martyr, réparait bien des malheurs, rachetait bien des fautes, lavait le crime même de ceux qui l'avaient fait verser, préparait enfin, pour un prochain avenir, la renaissance triomphale du droit populaire pour lequel venaient de périr coup sur coup deux nouvelles et grandes victimes, le père et le fils, Napoléon III et Napoléon IV, après Napoléon Ier et Napoléon II.

Sans doute une longue et triste nuée passa dans le ciel au-dessus de nous; sans doute le grand parti de l'Appel au peuple, c'est à dire le parti de la nation elle-même, tomba pour un temps dans une sorte de sommeil que troublaient par intervalles de douloureuses convulsions; mais, à travers ce sommeil qui ressemblait à la mort, ces convulsions attestaient la vie, la vie qui aujourd'hui se réveille; — je n'en veux d'autre témoignage que votre présence à tous ici, je n'en veux d'autre preuve que l'empressement avec lequel vous avez répondu à l'appel qui vous a été adressé, vous, les vétérans des vieilles luttes, vous, les jeunes soldats des victoires futures.

Messieurs, à ce spectacle qui frappe mes yeux et mon âme, je retrouve dans ma mémoire. le souvenir de l'étrange et symbolique vision qu'un grand artiste français a reproduite d'après une ballade allemande qui a pour titre : *La Revue de minuit.*

Dans l'œuvre du poëte, comme dans celle du peintre, c'est Napoléon Ier qui sort de son tombeau pour passer en revue, dans les Champs-Elyséens, les milliers de morts qui furent la grande armée.

Un tambour se lève, secoue la poussière de ses ossements, et, faiblement d'abord, puis de ses mains plus assurées, bat le rappel nocturne — et sous ses pas les fantassins se dressent, ceux qui dormaient sous les neiges d'Allemagne ou de Russie, sous les terres chaudes d'Egypte, d'Italie ou d'Espagne, et reforment peu à peu les rangs de leurs régiments décimés. De l'autre côté du tableau, c'est un trompette qui sonne, et les cavaliers enfourchent leurs chevaux-spectres et reprennent le galop de leurs charges héroïques.

Puis, au fond, surgit, vêtue de la redin-
gote grise et coiffée du petit chapeau,
l'ombre pâle et superbe de l'Empereur,
qui, des lointains de la mer et des pro-
fondeurs de la nuit, revient prendre le
commandement de ses légions réveillées.
(Longs applaudissements.)

Eh bien, messieurs, cette « Revue de
minuit », cette ballade de la mort, c'est
la légende de l'Empire immortel. Cette
légende, le second Empire l'a mise en
action ; le troisième Empire la ressusci-
tera de nouveau. A l'heure où je vous
parle, je suis, moi, le tambour qui réveille les fantassins ; mon courageux et
brillant ami Paul de Cassagnac est le
clairon qui réveille les cavaliers, et, à
l'horizon, apparaît, non plus le visage
enveloppé d'ombre d'un Empereur-fan-
tôme, mais l'image riante et fière d'un
prince en qui revivent le symbole et les
promesses de l'Empire rajeuni. (Acclamations. — Vive le prince Victor !)

Mais, messieurs, lorsque nous invo-
quons et annonçons ainsi, avec une entière confiance, le retour de l'Empire,
sommes-nous donc des partisans en révolte contre la loi politique qui régit no-

tre pays, contre le droit et la tradition qui procèdent de notre histoire, contre des institutions fondées sur l'assentiment national ou seulement légitimées par la prospérité publique ?

A cette question, le fait et le droit répondent avec une égale éloquence, — et l'heure présente, où la décadence de la République est si manifeste, où des solutions diverses s'offrent pour la remplacer, — nous permet et nous commande avec une autorité particulière de relever les leçons du fait et les préceptes du droit.

Il y a douze ans, Messieurs, au milieu d'une guerre où le pays avait été poussé par ceux-là mêmes qui plus tard eurent la double impudence de la désavouer en la continuant, il y a douze ans, dis-je, quelques avocats, servis par un rhéteur en épaulettes, renversèrent un gouvernement fondé et ratifié par la volonté nationale, et ces mêmes hommes qui reprochaient à ce gouvernement d'être issu d'un coup d'Etat, se constituèrent, par le plus cynique et le plus criminel des coups d'Etat, les maîtres de la France. Ne nous arrêtons point ici sur cet acte, que l'histoire sévère jugera. Bornons-nous à en envisager les conséquences.

Rappelons-nous ce que promettaient ces hommes quand nous étions sous l'Empire et voyons comment ils ont légitimé la révolution qu'ils ont faite, comment ce qu'ils ont tenu répond à ce qu'ils avaient promis. De la mesure du bien ou du mal qu'ils ont pu faire, résultera la mesure de notre droit envers la République et de nos devoirs envers le pays. (Applaudissements.)

Quand nous étions sous l'Empire, Messieurs, l'opposition républicaine, renforcée de tous les mécontents et de tous les ambitieux des autres partis, se récriait et se révoltait, vous vous en souvenez tous, contre l'énormité des charges budgétaires et jurait, par tous les dieux de son ciel vide, que la République serait « le gouvernement à bon marché. »

Aujourd'hui, sous la République, le budget est grossi de quinze cents millions, que le bon populaire paye à grand renfort de labeur et de gêne : moyennant quoi un ministre de la République, celui qu'on a changé hier en attendant qu'on change demain celui d'aujourd'hui, a pu s'écrier, dans la gaieté de son âme, « que la situation de nos finances est admirable » : ceux qui payent sont plus tièdes dans leur admiration.

Quand nous étions sous l'Empire, les gens qui nous gouvernent depuis douze ans, pestaient et tempêtaient tout particulièrement contre le système de nos institutions militaires — et je me souviens notamment d'un certain programme de Belleville, dans lequel un farouche citoyen du nom de Gambetta, un radical d'alors, qui est devenu moins farouche en devenant plus gras, foudroyait de tous les tonnerres de sa voix et de sa phrase ces armées permanentes « cause de ruine pour les finances, source de haines entre les peuples et de défiances à l'intérieur »; je me souviens pareillement d'une grande affiche rouge où un certain M. Jules Ferry, un ami de M. Gambetta — un ami d'alors ! — alignait non moins crânement l'armée au premier rang des « suppressions nécessaires » — et encore d'un fort beau discours où un maîtré en l'art des paroles creuses, qui se fait appeler Jules Simon, expliquait doctement que « la liberté est la meilleure des armées et la seule propre à la défense d'un pays. »

Aujourd'hui, sous la République, le budget de la guerre se chiffre, à lui tout seul, par une augmentation de 400 millions — et nos officiers généraux, convoqués à dîner alternativement, selon le vent ministériel qui souffle, chez les Simon, les Ferry ou les Gambetta, ont la joie et l'orgueil de recueillir au dessert les basses adulations que prodiguent à l'armée ses abolisseurs d'autrefois.

Quand nous étions sous l'Empire, les républicains s'indignaient de l'odieuse pression exercée par le gouvernement sur la magistrature, et l'inamovibilité leur semblait alors une garantie d'indépendance à peine suffisante — en quoi je pense que peut-être ils avaient raison.

Aujourd'hui, sous la république, l'inamovibilité n'est plus qu'une intolérable entrave pour le gouvernement, qui ne peut pas choisir ou destituer ses juges comme il lui plaît, et chaque ministre en passant donne son coup de pied à la magistrature, — à cette belle et noble fin que le premier intrigant venu qui aura réussi à s'emparer du pouvoir soit, du même coup, le maître de la justice.

Quand nous étions sous l'Empire, les républicains n'avaient pas assez de colères contre le Concordat, qui n'était qu'un instrument d'oppression ou un moyen de révolte mis à la disposition de l'Eglise.

Aujourd'hui, sous la république, le gouvernement trouve fort à son goût le Concordat, qui lui sert à opprimer l'Église, en attendant qu'une autre secté républicaine, sous couleur de séparer l'Église de l'État, réduise à la mendicité un clergé à qui déjà le Concordat n'assure pas de quoi vivre.

Quand nous étions sous l'Empire, des mécontents qui, je l'ai dit, n'étaient pas tous républicains, réclamaient à grands cris la liberté, que l'Empereur, en sa générosité grande, donna comme on la lui demandait, c'est-à-dire de telle façon que chacun pût l'insulter et susciter contre lui la violence et la sédition.

Aujourd'hui, sous la république, les républicains se sont retournés contre leurs associés de l'Union libérale — ce qui, je pense, sera un utile avertissement pour l'avenir — et, exhumant de vieilles lois laissées en désuétude par l'Empire, qui couvrait de sa protection les associations religieuses ou civiles, ils expulsent brutalement, à l'impudent bénéfice de leur menteuse liberté, de pieuses congrégations dont quelques-unes faisaient beaucoup de bien et dont nulle ne faisait aucun mal, mais qui toutes commettaient le crime de prier Dieu (Bravos).

Quand nous étions sous l'Empire, les républicains, au nom de la sainte égalité, se lamentaient sur les souffrances du peuple et arrosaient de leurs onctueux boniments cet arbre du bien et du mal qui s'appelle « la question sociale. »
Aujourd'hui, sous la république, l'égalité n'est plus qu'un mythe poursuivi par quelques dangereux rêveurs. Dans l'armée, les privilégiés de la République ont instauré et soigneusement conservé le volontariat à quinze cents francs qui, au point de vue moral, est la plus criante des inégalités, l'inégalité devant la mort; qui, au point de vue matériel, n'est qu'un remplacement déguisé et enlève au remplaçant, au profit de la caisse publique, le bénéfice que, du moins, il tirait de son contrat. Dans la vie civile, rien n'a été changé à l'assiette de l'impôt, dont la masse, par une loi que l'égoïsme des privilégiés se plaît à croire fatale, est toujours payée par les plus pauvres; mais,

en revanche, le salaire des ouvriers, qui, durant la période de l'Empire, s'était accru de quarante-cinq pour cent — c'est un loyal républicain, M. Ducarre, ancien député de Lyon, qui le constate dans son rapport d'enquête sur la situation des classes laborieuses — le salaire des ouvriers, dis-je, demeure à peu près stationnaire sous la République, pendant que les loyers montent au double et que le prix des objets de consommation s'élève environ d'un tiers. L'assistance publique, c'est-à-dire le budget de la misère, qui arrachait jadis aux républicains de si belles tirades sur la diginté humaine, leur semble aujourd'hui la plus excellente des institutions, pourvu qu'ils en distribuent les ressources à leurs créatures. Les grands travaux de Paris, réprouvés à si grand fracas quand c'était le baron Haussmann qui les accomplissait pour le compte de l'Empire, sont poursuivis, purement et simplement, sur les plans anciens ; seulement, au milieu des magnificences que l'on crée, personne ne songe plus, comme faisait l'Empereur, à construire des habitations ouvrières — et le peuple des pauvres, progressivement rejeté vers les quartiers excentriques, y forme peu à peu une ceinture de misère, qui un jour, quand viendront les terribles revanches de l'égalité déçue, se resserrera et étranglera Paris.

Quand nous étions sous l'Empire, les républicains, au nom de la fraternité sacrée, gémissaient, criaient, hurlaient sur le sort de quelques malheureux poussés par eux à la révolte et que frappait la dure nécessité de l'ordre public.

Dès le lendemain de l'Empire, les frères de la veille se ruaient les uns sur les autres dans la plus épouvantable mêlée qu'ait enregistrée l'histoire sanglante des révolutions. Vingt ou trente mille furent massacrés, dix mille envoyés au bagne ou en exil — et aujourd'hui, sous le sinistre couvert d'une amnistie qui n'a ni oublié ni pardonné, se prépare ouvertement une nouvelle explosion des haines fraternelles dont la République en France est l'éternel champ clos.

Et comme pour mieux assurer l'avénement de ces fatalités inéluctables, pour que la tempête soit fidèle à ceux qui ont soufflé le vent, les coryphées de la « morale indépendante », devenus aujourd'hui les prédicants de l'athéisme officiel, s'appliquent obstinément à disputer aux malheureux l'espérance et la consolation d'une vie ultérieure. Ils arrachent aux murs de nos écoles et au chevet de nos prétoires l'image du Christ, sublime incarnation de ceux qui souffrent sur la terre et à qui sont réservées les compensations du ciel. « Va, disent-ils à ce peuple qu'ils prétendent former pour l'avenir de la patrie ; va, le combat pour la vie est l'unique loi de ce monde et de tous les mondes. Il s'agit, pour chacun de nous, de vivre en mangeant les autres : voilà toute la morale, voilà tout le progrès, voilà toute la religion. Personne ne regarde d'en haut ni tes efforts, ni tes douleurs, ni tes vertus ni tes crimes. Es-tu faible ? Couche-toi et meurs! Es-tu fort? Tue et pille : la matière t'approuve et le néant t'absout! » (Triple salve d'applaudissements.)

Sous le souffle de ces excitations, commence à vaciller l'édifice social qui s'écroulera un jour sur les apôtres imbéciles, et déjà ceux d'entre nous qui savent écouter les voix d'en haut entendent au loin les premiers échos du grand coup de vent qui gronde dans la nuée.

Voilà, messieurs, comment la République a tenu ses promesses ! Voilà quel est le point où elle a mené la France ! Voilà quelles perspectives elle ouvre devant nous ! C'est pour de pareils résultats qu'elle a fait la révolution du 4 Septembre avec la complicité des victoires étrangères, qu'elle a violé le droit de la souveraineté nationale, qu'elle a envoyé l'Empereur Napoléon III mourir en exil et le Prince Impérial se faire tuer sur les rives lointaines de l'Afrique noire ! Vous voyez bien, messieurs, que nul d'entre nous, nul de ceux dont le nom ou la pensée tient à l'Empire par quelque souvenir, ne saurait, à moins d'être délié par l'Appel au Peuple, reconnaître la République sans trahir le droit populaire, et pactiser avec elle sans humiliation et sans déshonneur! (Longs applaudissements.)

Je pourrais, messieurs, pousser plus loin cet examen des services que la République a rendus à la France. Je pourrais, à ce rapide tableau de notre situation intérieure, ajouter quelques traits sur l'état de nos affaires extérieures et vous montrer que si, au dedans, nous n'avons pas lieu d'être tranquilles, nous n'avons

point au dehors de quoi être fiers. Je
pourrais vous rappeler que, sous l'Empire, c'était l'influence française qui ré-
glait les lois de l'équilibre européen et
des rapports internationaux ; je pourrais
vous rappeler que les traités de 1856, qui
arrêtèrent pour un temps le redoutable
écroulement dont l'Orient nous menace,
furent discutés et signés à Paris sous le
regard et sous la main de Napoléon III.
Je pourrais comparer à cette situation
glorieuse la politique oscillatoire, tantôt
bravache, tantôt pusillanime, toujours
ridicule, de ce gouvernement qui lance
ses armées contre des Khroumirs fantas-
tiques et qui garde soigneusement ses
troupes à bord lorsqu'on massacre des
Français à Alexandrie ; qui commence
par attester triomphalement que l'Eu-
rope reconnaît sa suprématie et son action dirigeante en Egypte, et qui aboutit
à une inertie misérable en face des deux
interventions anglaise et turque : — alors
que la première de ces interventions con-
fère à l'Angleterre une puissance souveraine et en quelque sorte reconnue dés-
ormais sur cette Méditerranée qui était
naguère un lac français, sur ce territoire
de l'Egypte à travers lequel s'ouvre la

grande route des Indes et de l'Orient asiatique ; alors que la seconde de ces interventions peut, dans un prochain avenir, allumer sur toute la côte africaine du Nord la révolte de toutes les populations mahométanes contre l'occupation européenne et mettre ainsi en suprême péril la possession de cette colonie algérienne, où notre prestige est déjà si menacé depuis qu'on a présenté aux Arabes un petit avocat de province comme dépositaire du souverain pouvoir qu'exerçait naguère celui que les musulmans appelaient « le sultan Napoléon ». (Bravos répétés.)

Mais, messieurs, ces questions où se trouvent engagées, vis-à-vis des puissances étrangères, l'influence et la dignité même de la France, ne sont pas bonnes à traiter en public sans de grands ménagements, au moins dans les conjonctures actuelles. Michel-Ange faisait dire à sa statue du sommeil : « qu'il fait bon être de pierre tant que durent le malheur et la honte ». Mettons à profit le conseil de Michel-Ange. Tâchons d'ailleurs d'être justes même envers ceux qui sont écrasés par la dispropor-

tion de leurs forces avec la tâche qu'ils
ont osé s'attribuer. Sachons nous rendre
compte que la France, cruellement bles-
sée en 1870, meurtrie, tourmentée, mal-
menée par des mains à la fois coupables
et impuissantes, n'est point en état de se
risquer dans d'héroïques aventures; re-
gardons avec dédain se gonfler Mata-
more et s'aplatir Pierrot, et attendons,
pour voir le glaive de Brennus reprendre son poids dans les affaires du monde,
l'heure où les tambours de basque se-
ront définitivement chassés par les tambours ! (Acclamations, triple salve d'applaudissements.)

Si la situation de la France est telle
que je viens de l'indiquer, messieurs, il
est clair qu'elle ne saurait durer indéfi-
niment — et l'on voit, en effet, les di-
vers partis monarchiques élever, en face
de la République, leurs revendications
respectives et contradictoires. Il nous
convient donc, messieurs, d'examiner
franchement et sévèrement, non seulement vis-à-vis de la République, mais
entre tous les partis, la question de droit,
dont la solution peut seule donner à la

France un gouvernement fort et capable de durer.

Il y a, ou l'on a coutume de dire qu'il y a en France trois partis monarchiques :— le parti royaliste ou légitimiste; — le parti orléaniste ou mieux le clan des princes d'Orléans, — et le parti impérialiste.

Je parlerai de ces partis avec déférence pour les personnes, sans parti pris, d'exclusivisme dans les idées — il y a du bon à prendre quelquefois même chez les adversaires — mais avec la respectueuse assurance qui convient aux convictions inébranlables.

Avant toute chose, messieurs, écartons ou expliquons, en ce qui nous concerne, cette appellation de « parti ». Un parti politique suppose un groupe d'hommes plus ou moins nombreux et agissant en vertu d'intérêts ou de principes qui leur sont communs, mais qui ne sont point reconnus pour être communs à la masse de la nation. En ce sens, messieurs, nous ne sommes point un parti, et nous seuls ne sommes point un parti puisque nous n'avons d'autre ambition et d'autre visée que de servir les intérêts et les vœux de la nation tout entière, de provoquer son arbitrage entre nos querelles et de nous y soumettre loyalement. Revendicateurs fermes et dévoués de l'Appel au Peuple, nous sommes seuls les serviteurs du peuple, nous sommes seuls le parti de la nation.

Admettons cependant, pour les facilités du langage, cette dénomination de « partis » et, puisqu'il y a trois partis en dehors de la République, examinons leurs principes et leurs chances.

Mais, tout d'abord, y a-t-il vraiment un parti orléaniste ? Faut-il mettre en ligne cette solution ?

Je vois bien un certain nombre d'hommes lettrés, d'esprits tempérés qui, crédules en l'excellence idéologique du régime parlementaire combiné avec l'autorité royale, rêvent depuis longues années de transporter en France des institutions qui se meurent en Angleterre. Je vois bien aussi que les orléanistes — si tant est que l'on trouve des gens qui se disent tels — ne sont guère d'accord entre eux ni sur les moyens d'implanter leur système ni sur le choix de la personne qui en devra être le ressort principal. Les uns attendent patiemment que M. le comte de Chambord passe

de vie à trépas et que le droit successo-
ral monarchique vienne ainsi se poser
de lui-même sur la tête du comte de Paris, comme un pigeon sur une statue :
ces gens accommodants ne sont donc, à
vrai dire, que des légitimistes à échéance
indéterminée. D'autres ont mis leurs espérances dans M. le duc d'Aumale, qui
deviendrait chef de l'Etat, sous le titre
de stathouder, dictateur, lieutenant du
royaume, président de la République —
on ne se montrerait pas difficile là-des-
sus — et qui garderait ainsi pieusement
le poste souverain, pareil à un soldat
dans une guérite, jusqu'à ce que son ne-
veu vînt le relever.

Je ne sais, messieurs, si vous pensez
comme moi, mais je n'ai pas beaucoup
de confiance en ces combinaisons sa-
vantes et complexes, qui consistent à
avoir un pied dans le camp monarchique,
l'autre dans le camp républicain : — cela
n'a point réussi à d'autres qui l'ont essayé
et je crois que nous serions tous ici en
situation de donner un bon conseil à M.
le duc d'Aumale. (Rires et bravos).

Reste d'ailleurs à savoir par quel
moyen l'orléanisme — ou pour parler

plus exactement, l'aumalisme, puisque
M. le duc d'Aumale n'est pas le chef de
la famille d'Orléans, — s'implanterait au
pouvoir.

Sera-ce par voie d'Appel au Peuple ?

Nous ne demandons pas mieux et,
lorsque nous opposerons notre candidat
à M. le duc d'Aumale, chacun de nous
assurément se sentira bien tranquille
sur le résultat.

Sera-ce par voie parlementaire ?

Hélas ! Nous ne sommes plus au bon
temps du suffrage bourgeois. Aujour-
d'hui, même à coups d'argent — et l'on
ne dit pas que la famille d'Orléans aime
à frapper de ces coups là, si ce n'est à la
porte de nos finances — il semble bien
difficile que l'on puisse jamais tirer du
suffrage universel une Chambre disposée
à renouveler le vote du 9 août 1830.

Sera-ce par voie de coup d'Etat ?

Mais, outre que de telles entreprises,
même lorsqu'elles s'accomplissent selon
le courant du sentiment public, veulent
une hardiesse singulière, hardiesse qui
devient folie pure s'il s'agit d'aller contre
ce courant; outre que M. le duc d'Aumale,
un militaire distingué et un éminent
écrivain à qui l'on doit d'excellentes

études historiques et de remarquables
discours académiques, ne semble point,
malgré sa bravoure incontestée, doué
du tempérament nécessaire à ces ini-
tiatives redoutables, il ne faut point
que l'on se fasse illusion, en un pays
de suffrage universel, sur la vertu
des coups d'Etat. Un coup d'Etat n'est
pas un moyen de résoudre la question gouvernementale, mais seulement
un moyen de la poser. Un coup d'Etat,
suivi d'un appel au peuple, peut clore
une révolution. Un coup d'Etat, non ratifié par le peuple, ouvre la révolution à
courte échéance s'il ne la déchaîne sur
le champ — et le sceptre légendaire de
la famille d'Orléans, qui peut être utile à
la préserver de la pluie, serait impuis-
sant à la préserver du tonnerre. (Rires et
applaudissements).

J'incline donc à croire que les orléanistes, qui tâtent les moyens depuis douze
ans, continueront de les tâter sans con-
clure davantage et que la question monarchique restera posée, en définitive,
selon les lois du bon sens et de l'honnê-
teté, entre la solution légitimiste et la
solution impérialiste.

Or, la solution légitimiste rencontrera, au point de vue pratique, les mêmes difficultés que la solution orléaniste. A moins de quelque miracle qui convertisse d'un seul coup le peuple français tout entier à la théorie du droit divin, on ne voit pas bien comment le Roy pourrait venir par le peuple ou par une assemblée, et rien n'indique, même dans les fameux souvenirs relatifs à la voiture du sacre, que M. le comte de Chambord, cœur élevé, esprit spéculatif, âme contemplative, soit d'humeur à monter à cheval pour réclamer, le fouet ou l'épée en main, les droits de Louis XIV. (Applaudissements.)

La vérité est que nous sommes ici en présence d'une tradition respectable et glorieuse sans aucun doute, car elle remplit toute l'histoire de notre pays de France, mais qui n'a que le malheur d'être morte, ayant été décapitée avec l'infortuné Louis XVI.

Encore faut-il s'entendre sur la valeur même de cette tradition. A l'origine de nos trois dynasties royales, plus distinctement encore à l'origine de la dynastie capétienne, on trouve l'élection — et plus d'une fois, dans le cours de notre histoire, les États-Généraux ont manifesté plus ou moins expressément cette pensée profonde : que le droit d'instituer ou de perpétuer la monarchie résidait dans la nation. C'est seulement par la suite des temps, et à une époque relativement fort récente, que l'on vit se dégager la thèse idéale du droit divin, c'est-à-dire de la perpétuité souveraine dévolue en privilège à une famille par l'exercice présumé et continu d'une intervention providentielle.

Mais la Révolution vint changer tout cela. Elle abolit la prétention du privilège monarchique. Elle proclama, au profit de chacun, le principe de l'égalité civile ; au profit de tous, le principe de la souveraineté nationale ; elle déplaça la base de l'autorité ; elle en chercha l'origine et la sanction, non plus dans la tradition historique, mais dans la volonté populaire.

En ce point, messieurs, il ne faut pas craindre de le dire, nous sommes d'accord avec les républicains, sauf cette différence : que nous demeurons fidèles à ce principe du droit populaire, tandis que les républicains le violent effrontément selon le caprice de leur despotisme ou de leurs ambitions. (Tonnerre d'applaudissements.)

Et ceci m'amène, messieurs, à poser nettement, en peu de mots, la base essentielle, fondamentale, invariable du système monarchique impérial.

On nous dit, messieurs, — que de fois n'avez-vous pas entendu formuler cet absurde reproche! — on nous dit que nous violons le principe de la souveraineté nationale parce que nous en conférons l'exercice à une famille dans laquelle le suprême pouvoir se transmet par voie d'hérédité, — et c'est dans ce sens qu'un journal qui a de l'écho s'est plu à dire, tout récemment, que nous sommes « des royalistes au profit des Napoléons ». Ce journal, messieurs, qui a de l'esprit à son ordinaire, ne savait pas, ce jour-là, ce qu'il disait, et notre hérédité monarchique n'a rien de commun avec le droit divin.

Un homme considérable par ses talents autant que par son caractère, un homme qui a tenu longtemps sous l'Empire la première place après l'Empereur, un homme que nous vénérons tous et que ses ennemis mêmes sont contraints de respecter, l'illustre M. Rouher (longues acclamations; cris répétés de : Vive M. Rouher!) a exposé, avec autant d'élévation que de clarté, dans une mémorable séance de l'Assemblée nationale, la théorie impériale de l'hérédité. Sans en reprendre ici les développements, tels que le grand orateur les a présentés, il me suffira de marquer après lui que, dans le dogme du droit divin, le roi hérite par le fait seul de sa naissance, en vertu d'un privilège familial et perpétuel auquel la nation ne saurait toucher sans violer, dans son essence même, la principe de l'autorité royale ; — tandis qu'au contraire, dans la théorie impérialiste, l'hérédité n'est conférée à la dynastie que par le fait de la volonté nationale et cette hérédité fait partie du contrat plébiscitaire. En instituant la perpétuité dynastique, la nation n'attribue nullement à une famille un privilège intangible et immuable; elle se donne simplement à elle-même les garanties qu'elle juge nécessaires à la stabilité de l'ordre politique, au fonctionnement régulier des activités sociales. (Très bien, très bien!).

Je pourrais, messieurs, pour rendre la

doctrine plus claire et plus saisissable, vous citer un exemple matériel emprunté à l'Angleterre, pays pratique par excellence, et où il arrive fréquemment que des sociétés civiles ou industrielles instituent un gérant pour toute la durée de l'exercice social — le plus ordinairement pour quatre-vingt-dix-neuf années — et transmettent par avance la continuation de cette gérance aux héritiers successifs du premier gérant désigné. Est-ce que ces sociétés créent, en cela, une sorte de privilège monarchique? Pas le moins du monde : elles visent simplement et sagement à se protéger elles-mêmes contre les chances de compétition, contre les intrigues ou les rivalités de personnes et elles s'assurent en outre le bénéfice d'une direction dont chaque titulaire apportera, dans l'exercice de ses pouvoirs, des traditions, des connaissances et des aptitudes empruntées à la source originelle : de telle sorte que, pendant toute la durée de la société, ce sera comme si le même homme la dirigeait. Que si tel gérant se montre incapable ou indigne, la société l'éliminera et le remplacera : elle n'a pas abjuré son droit sur ce point, cela va sans dire.

Notre conception n'est pas autre, messieurs, quoiqu'elle s'applique à des intérêts d'un ordre plus général et plus élevé — et vous voyez par quelle profonde différence elle se distingue du droit divin. Vous voyez, par là même, combien il est faux de prétendre que la génération actuelle, en instituant l'hérédité, lie les générations futures. Non, c'est pour elle-même, à son propre profit, que la génération actuelle stipule ; quant aux générations futures, elles modifieront ou aboliront l'hérédité si elles la trouvent nuisible ou n'en sentent pas le besoin : c'est là une affaire de procédure, non point une question de droit.

Nous ne sommes donc nullement «des royalistes au profit des Napoléons».Nous sommes un peuple qui contracte, par voie de plébiscite, avec une dynastie glorieuse en laquelle il met sa confiance, mais de laquelle il pourra, en vertu de son inaliénable souveraineté, éliminer ou retrancher tel ou tel membre qui se serait placé hors des termes du contrat. (Bravos ; longs applaudissements).

Voilà, messieurs, par quel mécanisme, aussi rationnel que loyal, le droit popu-

laire se combine avec l'hérédité monarchique; voilà comment nous sommes
monarchistes sans cesser d'être démo-
crates; voilà comment la tradition impériale, si elle a pour couronnement la
gloire des Napoléons, a sa base dans
l'assentiment national et peut avec confiance se reposer de son avenir sur l'Appel au Peuple. (Acclamations : Vive
l'Empire ! Vive l'Appel au Peuple !).

Mais, messieurs, — et j'arrive en ceci
à ma conclusion — il ne faudrait pas
croire pour cela que ce principe de
l'Appel au Peuple, aujourd'hui méconnu
par tous, hormis par nous, n'ait pas
eu son rôle et son moment dans l'histoire des autres partis.

C'est un point que j'ai eu déjà occasion
de traiter publiquement, mais sur lequel
il importe que je me résume aujour-
d'hui devant vous.

L'Appel au peuple, qui est le programme du parti impérialiste, et qui est
en même temps le programme de la justice et de la raison, fut aussi, en d'autres
temps, le programme de ceux qui aujourd'hui le renient ; l'Appel au Peuple
était, dans la théorie des républicains du

dernier siècle, un principe de droit absolu.

Vergniaud, le Girondin, voulait que l'on soumît à la sanction du peuple « tous les actes publics d'une haute importance » — et il y a tout près de nous, sur nos frontières, une république qui depuis quelque temps a cessé d'être à la mode parmi nos républicains de France parce qu'elle a pris au sérieux la maxime de Vergniaud, parce qu'elle soumet à la sanction plébiscitaire toute résolution où la généralité des cantons est intéressée.

Un autre républicain, moins suspect de modérantisme que Vergniaud, Camille Desmoulins, dans son *Opinion sur le jugement de Louis XVI*, qui fut solennellement approuvée par la Convention et imprimée par son ordre à l'Imprimerie nationale, Camille Desmoulins écrivait :

« Et lorsque nous avons décrété qu'il n'y aurait point de loi constitutionnelle sans la sanction du peuple, il ne faut pas s'imaginer que ça soit une loi nouvelle que nous avons publiée. Nous n'avons fait que proclamer solennellement une loi immuable, universelle, et aussi ancienne que le genre humain. » ,

Et plus loin il insiste, au sujet de la Constitution de 1791 :

« Le contrat est nul parce qu'il n'était pas ratifié par la partie contractante » — c'est-à-dire par le peuple.

Camille Desmoulins ne s'en tient pas là. Il professe, aux applaudissements de la Convention, la doctrine impériale, et il la professe en l'exagérant :

« C'est un crime d'être roi, » dit-il. C'était même un crime d'être un roi constitutionnel ; car la nation n'avait point accepté la Constitution. » (C'est-à-dire que nos républicains d'aujourd'hui, M. Jules Grévy en tête, sont «criminels» de par Camille Desmoulins et de par la Convention nationale.)

« Il n'y a qu'une seule supposition, continue Camille Desmoulins, dans laquelle il puisse être légitime de régner : *C'est lorsqu'un peuple se dépouille formellement de ses droits, pour en faire la cession à un seul homme,* non pas seulement comme le firent les États Généraux de Danemarck en 1660, *mais lorsque le peuple tout entier a passé ou du moins a ratifié lui-même cette procuration de sa souveraineté.* »

Qu'est-ce que cela, si ce n'est l'Empire, — l'Empire moins la liberté, dont nous n'entendons point le séparer.

Revenant à Louis XVI, Camille Desmoulins demande :

« Qui jugera Louis XVI ? Ce serait le peuple entier, s'il le pouvait, comme le peuple romain jugeait Manlius et Horace... »

Il est vrai que, dans la furie de la haine politique, Camille Desmoulins viole, avec un effroyable aveuglement, ses propres principes, à l'heure même où il les pose, et qu'il conclut, dans ce même document, sans donner ni raisons ni preuves :

« Il est évident que le peuple nous a envoyés ici pour juger le roi. »

Ce qui est évident, c'est que, du même coup, Camille Desmoulins et la Convention proclament le droit du peuple et le violent ; mais enfin, ce droit les domine de si haut qu'à l'heure même où ils le violent ils se sentent contraints de l'attester.

Or, ce principe de l'Appel au Peuple, que la Convention républicaine affirme et méconnaît, qui va le réclamer, Messieurs? Ce sera le roi Louis XVI. Les défenseurs du roi soutinrent devant la Convention que le peuple seul avait le droit de condamner le roi, et le roi lui-même, quand l'arrêt de mort lui eut été communiqué, le 18 janvier, écrivit à l'Assemblée :

« Je déclare que j'interjette appel à la nation elle-même du jugement de ses représentants. »

Louis XVI mourut; mais en mourant, — et c'est là un fait trop oublié de notre histoire, — en mourant, il en appelait au peuple, qui eût sauvé le roi et peut-être la royauté. Et vous voyez par là, messieurs, que l'Appel au Peuple, qui est la base de la doctrine impériale, fut tout ensemble, et en un même moment, la première affirmation de la République et le suprême legs de la Monarchie expirante. (Applaudissements. — Profonde sensation.)

Plus tard la Monarchie et la République ont eu, à de certaines heures, la velléité de retourner à cette source de tout droit et de toute puissance. Chacun se souvient qu'à une certaine époque, sous Louis-Philippe, l'organe attitré du parti légitimiste, la *Gazette de France*, s'appelait en même temps : *Journal de l'Appel au Peuple*. Personne n'a oublié, — si ce n'est M. Gambetta, — un discours que M. Gambetta prononça au corps législatif le 5 avril 1870, et où il est dit que « le plébiscite est, dans nos sociétés démocratiques modernes, la sanction nécessaire des pouvoirs publics » et que, « là où le plébiscite n'a point passé, la légitimité n'en sortira pas ».

Au lendemain du 4 septembre, quand le gouvernement de la Défense nationale, qui venait d'assassiner le plébiscite, se vit menacé par la révolution dans Paris assiégé, il ne put, par un étrange et juste châtiment, trouver le salut que dans un plébiscite — plébiscite local, sans doute, plébiscite circonscrit par les fatalités de la guerre, mais plébiscite enfin dans son essence et dans sa vertu souveraine : car personne apparemment n'entreprendra de nous donner à entendre que Paris puisse valablement rendre un plébiscite et que la France ne le puisse pas!

Aujourd'hui encore, à l'heure même où nous sommes, en présence des suggestions ou des manœuvres qui tendent à séparer du sol national un département qui s'y est annexé par la volonté des populations, de quel droit la République défend-elle l'intégrité du territoire, de quel droit prétend-elle conserver Nice et les Alpes-Maritimes, si ce n'est de par l'autorité du plébiscite?

Et enfin, messieurs, alors que la constitution républicaine admet, dans son article 8, la revision intégrale par voie de congrès, par quelle étrange aberration, par quelle insolente hypocrisie, par quelle usurpation sacrilége oserait-on soutenir que cette revision ne puisse être opérée par voie de plébiscite?

Ainsi, messieurs, la République, qui a détruit l'œuvre plébiscitaire, la République, qui nous refuse le plébiscite, est impuissante à le rayer de ses lois et de ses actes ; ainsi elle est contrainte d'y recourir quand il s'agit de préserver son territoire ou de sauver son propre gouvernement ; ainsi enfin, l'Appel au Peu-

ple, s'il a été revendiqué avec plus de
sincérité et de constance par nous impérialistes, n'en est pas moins une doctrine
commune aux impérialistes, aux légitimistes et aux républicains.

C'est sur ce terrain qu'ils se rencontre-
ront tous un jour, lorsque des efforts sté-
riles et des convulsions prochaines au-
ront montré aux uns l'impossibilité de
s'emparer du pouvoir, aux autres l'impossibilité de s'y maintenir.

Ce jour-là, messieurs, nous nous pré-
senterons aux grandes assises nationales,
fiers de la fidélité avec laquelle nous au-
rons servi la cause populaire, sûrs de la
patriotique récompense que la France
devra à nos efforts, pénétrés du souvenir
de ceux qui ne sont plus, mais qui nous
ont légué leurs vœux et leurs espérances ;
ce jour-là, comme aujourd'hui, nous
nous inclinerons loyalement par avance
devant le verdict de la nation, mais
c'est avec la satisfaction d'un grand de-
voir accompli, c'est avec la conscience
d'être de bons et courageux citoyens,
non des partisans ou des factieux, c'est
avec la conviction d'assurer par notre
triomphe le triomphe de l'ordre, de la
liberté et de la patrie, que nous marche-

rons à l'urne plébiscitaire au cri de :
« Vive l'Empereur! » (Applaudissements
prolongés. Cris de : **VIVE L'EMPE-
REUR! VIVE LE PRINCE VIC-
TOR!**)

Il n'est pas besoin de dire quel grand effet
produisit cette magnifique harangue sur l'assemblée.

Quand les applaudissements prirent fin,
M. le président donna la parole à M. de Cassagnac.